JN439712

작은 바람결

한국작가 작품선 · 61

작은 바람결

서기호 시집

한국작가 출판부

동행

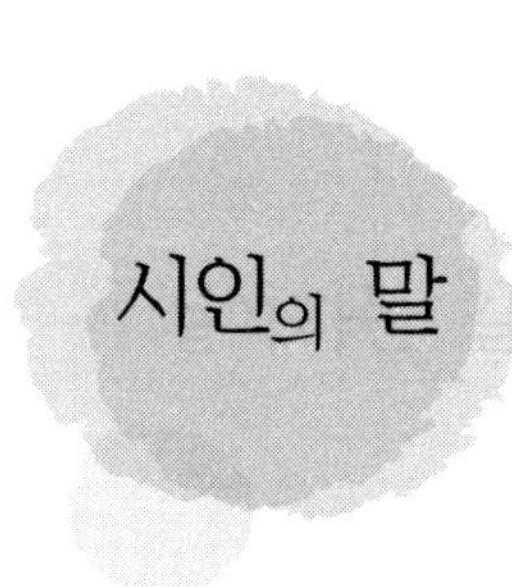

시인의 말

누구의 탓도 아닌데
인간은 고독한 존재라 생각된다.
주어진 삶을 제대로 살아간다는 것은 참으로 어렵다.
감정이나 정서에 관련된 부분에서는 더욱 그렇다.
내가 만드는 것이 아닌 한때 행복이 주어지는 것처럼
맡기던 시간들,
연기 넘친 삶의 세계를 벗어나
솔직하고 가식 없는 또 한 권의 시집
한 편의 시라도 가슴에 스며
삶의 여유와 쉼표를 드리고
주위에 가득한 삶에서
삶이 가득 차오르는…

사랑을 느낄 수 있으면 좋겠습니다.

2013. 봄날 까치마을 서재에서 저자

CONTENTS

CONTENTS

4 별 바위의 주산지 사랑

5 바람이 나를 따른다

6 나눔의 행복

7 작은 바람결

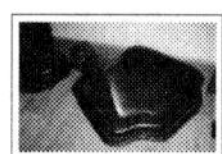

1

행복한 하루

폭포석

울타리 너머 은빛 고요는
삶의 종이처럼
삶이 펼쳐지는 곳

—〈까치마을의 아침〉 중에서

행복한 하루

햇살 가득한 날
허공을 수놓았던
눈꽃이 투정을 한다

외다리에 기댄 홀로 두루미
옹기종기 모여 있는 청둥오리
물 위에 비친 잉어들 모두 이웃이다

까치 한 쌍은 볼멘 목소리
산책길 둘 셋 소곤소곤

이런 날에
모두는 행복으로 갑니다

7월이 오면

옥수수 밭 줄지어 산비탈 지키고
까치 두 놈이 산비탈에 걸려 있는 풀밭에서
곁눈질하며 아침을 쪼고 있다

길가에서 움막이 손짓하고
하늘에는
목화송이 풀어 헤쳐 놓았다

양은 솥단지 향수에 이끌려 멈추니
후덕한 아줌마 옥수수 한 자루 건넨다
7월이 오면 그랬듯이

망가진 오두막집

세월 속에 밀려
일그러진 작은 오두막
토담과 메마른 나무 담장

닭의 쉼터인 구덩이
무엇 넘나들던 자국
잠든 나뭇가지에는
새들도 날아들지 않아 오간 흔적만

적막 깨워
누구
여기에
새 희망 걸어볼 사람은

불곡산의 미소

미소 머금은
당신 손끝 자락엔
나의 꽃밭을 그려본
조그만 둥지가 있습니다

당신의 가슴속에는
졸졸졸 젊음이 흐르고
푸르름 속 잡초들도
늘 당당합니다

당신의 정원 속에는
산새들 꾸르 꾸르륵
다람쥐와 친구들
삶의 미소가 있습니다

나는
매일
당신을 만납니다

낙엽

속이 빈 쭉정이처럼
허무 싣고
두려움 속으로 곤도박질 친다

두툼한 추억을
모두 삼킨
석학碩學 만나러 다가가니

벌렁 누운
아직껏
서풍에 웃고 있는 당신은

나의 긴 여행

까치마을의 아침

돌다리
구름다리
불곡산의 발등을 새벽 안개가 감싸고

웅크린 바람도 쉬어 가는 곳
덤불 속에 박새는 눈치 보고
청둥오리 가족이 옷매무새 고른다

울타리 너머 은빛 고요는
삶의 송이처럼
삶이 펼쳐지는 곳

물너울 이는 강어귀나
외로운 바닷가 아닌
까치마을 탄천에서 꽃잎된
내 입술이 삶의 대본을 쓰고 있다

희망의 울안

담장머리 감나무 가지에
눈망울 맞춘 산비둘기 한 쌍이
울안으로 나들이 왔다

4월의 뒤뜰 딸기밭엔
히죽히죽 웃어 주는 하-얀 꽃
작은 꿀벌들의 날갯짓이 바쁘다

흰나비
노랑나비
호랑나비가 담벽을 훌쩍 넘어와

모두는
희망의 울안이다

보금자리

논두렁 사이로 손길 닿는
황금 들녘은
아버지 평생 놀이터

밭두렁 사이로 넌지시 손길 내미는
설익은 들녘은
어머니 평생 놀이터

싸리문 열면
어미 암소, 송아지 종종걸음
울 아버지, 울 어머니의 보금자리

산수유 담장 너머 뒷동산
보금자리에서
열심히 사셨는데

새만금 방조제를 가다

굴레를 벗고
세계 제일의 거인으로 태어나
얼굴은 호남의 으뜸
대한민국이 고향입니다

아비는 군산이요
어미는 부안입니다

펼쳐지는 꿈의 세계가
세계를 뒤흔들어 놓을
미래의 거울

지구촌의 얼굴로
눈을 떴다

아름다운 시간들

시린 손등에
봄비가 닿는가 싶더니
틈새의 빛이
시냇물의 입을 꼬득인다

신들린 빛이
잠에 취한 목련을 치근대니
조아림 없던 모두는
북새통이다

눈
가슴에 소홀했던 바램
꿈을 꾸듯
얼굴을 든다

2

새벽 반달이 세상 깨운다

문향석

나는
황금 빛살 받으며
소박한 바람 하나
강물 위로 띄운다

—〈소망〉 중에서

소망

새해 벽두에
얼어붙은 아차산

동녘 하늘에 능선이 갈라지며
커다란 불덩이 솟는다

구름은 불에 익어 타버리고
산도 녹아 땅 위를 흐른다

나는
황금 빛살 받으며
소박한 바람 하나
강물 위로 띄운다

돌단풍

내리 치닫는 오솔길에
상큼한 바람이 매끄러워
멜로디 없는 물소리 흥분도 아니 한다

어미바위에 업힌 돌단풍은 무대를 꾸며
수繡를 놓고
그림을 그리더이다

겨우내 임산부의 몸으로 봄을 기약한 당신이
후미진 곳, 북한산 골짜기에
풀어헤친 산고産苦다

어느 봄날
어미바위에
몸과 마음 내려놓고, 나
연가戀歌 부르는 울보가 되다

샘터에서

모두를 아우르는
나지막한 음성은
한 방울 한 방울이
사랑입니다

소박하게 안기는 당신은
오묘한 삶을 열어
세상에 파릇한 생명들

앞내울 강 언덕에 아름다움은
세상사 숨어드는 회귀回歸의 공식
나이테 없는 물은
생명수입니다

승부역의 외길

큰 여울 건너
간이음식점 하나
외나무다리 앞에 서 있다

함께 건너지 못하는
소중한 외길은
활활 타오르는 계절

말
손이 다시
조심의 외길이다

한숨 돌려 헤아려 보니
이제야 보인다
내가 타려는 기차의 자리가

눈꽃 열차

산과 들이 흰 눈으로 잔치상 벌리고
연체동물의 행사가 있었던 양
어지럽게 자리매김하였다
대가족의 애기산은 젖꼭지 물려 보듬어 안고
일월산 자락에 물살은 인사도 없다

“하늘도 세 평
꽃밭도 세 평
솔잎 향 그윽한 승부역의 아침
모두가 그립구나”
비문이 말을 건네고
추전역(싸릿골 마을)의 이정표가 보인다
정선의 태고를 담은
마음 싣고 달린다

꿈

눈송이 송이가
작은 바람결 따라와
초췌한 단풍을 분단장하고 있다

어제는 잊고
내일을 펼쳐 보려는
함박눈은 꿈 만드는

두툼한 편지 한 통

화실의 멋

이슬에 취한 풀잎이
빛깔에 생기가 돈다
벽을 등진 화폭에서

머리칼 늘어트린
가슴 열린 여인의 모습
노을진 호숫가에 생동감이 가득하다

함께 만나
속삭이는 화폭에서
물감의 신비가 숨 쉬고 있다

새벽 반달이 세상 깨운다

검스레한 까치마을 탄천에
새벽 반달이 내려와 세상을 깨운다

오리의 날갯짓
원앙의 잠꼬대가 새벽 흔드니
길섶 버들가지 눈을 비빈다

먼발치 발자국 소리
시냇물 소리에 기대, 지금
새벽 반달이 세상을 깨우고 있다

뿌듯한 출근길

몽촌역을 헤집고 나와 눈부신 날
세상을 끌어당기다
88의 성화가 엊그제인데

언덕 아래 펼쳐진 호숫가에는
엉덩이 실룩이는 오리 떼, 그 모습 보며
비시시 웃는
내 삶도 보인다

늦가을 늘어선 은행나무 잎마다
햇살 내려앉아 샛노랗게 물들여
머리 없는 조형물 곁에 나뒹구는 낙엽 밟으며
영원히 버릴 수 없는 꿈 하나
가슴에 품은 채 걷고 있다

새벽 향기

새벽이 열리면
모두가 공유하는 체력교실
새벽 향기를 만납니다

개울가 맴도는 향
덤불 위를 헤매는 향
산기슭 허공을 떠도는 향

길손의 목마름처럼
두 팔 벌려 온몸으로 맘껏 마시며
새벽 향기로 목욕한다

자연이 주는 큰 선물

3

봄비 속으로

물개석

내가 만드는 것 아닌
행복이 주어지는 것으로
몸을 맡기던 시간
얼마나 될까

— 〈내가 사는 이야기〉 중에서

초봄의 행진곡 · 1

모처럼 마을버스 정류장을 지키고 있었다
몸을 뒤틀던 내게
쇠꼬챙이로 무장한 담장에
이발소 들려 목욕탕을 다녀온
말쑥한 표정의 개나리 군락
봄의 시간 속에서
실눈을 비비며 꿈틀거린다

마을버스도 잊은 채
그녀의 마술에 걸려
나를 망각한 채 밀담을 나눈다
눈 비비며
비몽사몽

봄비 속으로

처마 끝으로 빗어 내리는 빗방울
빗방울의 숨결이
가슴속에 흥건하다

가랑비 묻어온 봄바람 속을
알몸으로
혹하고 바라본 세상

봄비에 기대
철길 없는 기차를 타면
모두가 나 에워싸겠지

내가 사는 이야기

흔적을 새기며 실려온 시간
흔적 없이 지나온 날
얼마일까

내가 만드는 것 아닌
행복이 주어지는 것으로
몸을 맡기던 시간
얼마나 될까

언덕을 내려오는
지금
나무 위에서 내려와
흙을 밟는 닭 한 마리

삶의 지혜

고운 옷 벗어 던진
낙엽의 진리
도도한 한강의 흐름
헤어날 수 없는 섭리라지만
기쁨이 슬픔으로
슬픔이 기쁨이 되는 윤회輪廻 때문에

나는
한 권의 신간新刊을 펼쳐든다
내일을 위해

삶의 테이블

왼 종일
내어주고 받은 것
안 맞아

맑은 하늘 보아도
답하는 주위를 보아도
고운 단풍잎

안부 없고
답도 없는
후줄근한 내복

벼르는 내일에
잔잔한 보람 기대하지만
헤아려 보면 아쉬워

새싹
–주말농장

밤비가 다녀간 오월 초순
아지랑이 춤추는 곳
땅 마디마디에서 얼굴 내민다

언 땅 녹이지 못하고 미적대던 새움이
아지랑이 유혹에
방금 가슴을 가린 소녀가 되었다

속살 숨기고
풍요 누리는
소임을 다하려나 보다

엄마의 사랑

늦은 새벽에
엄마와 아이가 공원에 나왔다
걷는 줄다리기

내키지 않아 몸 꼬는 아이
손 놓지 않으려는 엄마의 승강이는
엄마의 사랑

엄마의 일과표

세상 이치

하얀 눈 소복이 내려
포근한 날

바람이 시샘하는
다음날에는
추위가 설치는 날

야간 산행

로프 잡고 매달리는 조용, 조용한 밤
뒤척이는 시간
사랑과 미움을 섞어
하나둘 빈칸 채워가며
한 장을 넘기니
오랜만에 갈증이 풀려

오늘도 푸른 하늘

제자리 마다하는 초여름 바람
닿는 곳마다 시샘을 하니
쉼터는 시원하다

풍경이 포개져
함께 웃을 수만 있다면
언제나 숨이 가빠도
오늘도 푸른 하늘

4

별 바위의 주산지 사랑

돌고래상

살얼음에도
비틀거리던 시냇물이
새벽녘에도 주인이더니

—〈발등 밑으로 봄이 묻어나〉 중에서

여심女心

봄바람이 봄비를 부둥켜안고
북새통을 떠는데
능선을 오르는 틈새에는
길을 잃고 떠날 줄 모르는
가을의 흔적이 줄 서 있다

가지 끝마다 눈망울에
맺힌 눈물
빛바랜 곁에서
여심으로
다가오는 아쉬움

방태산 오르며

초입에 싱그러움이 나를 반기고
이름 모를 꽃은 생명 다하여 초라하게 나뒹군다
백옥 같은 물살이 웃음 뒤에 음흉함을 감춘 듯
선과 악을 쥔 계곡은 청록에 이끼로 덮여 있다.
삶이 끊긴 벌거벗은 고목이 길목에 가로누워
앙상한 나뭇가지는 봄과 초여름 사이에 걸음이 더디다.
난생 처음 곰취 따는
주목들의 군락
눈 아래 산자락은
자연의 도도함
겸손해지는 멋이다

별 바위의 주산지 사랑

물안개 휘어감은 여인이
속살 헝클어트리며
벗어 던지려 한다

몸매는 매끄럽고 팔등신이요
물 위로 흔들리는 이파리
듬성듬성 솟은 왕버드나무
그녀의 장신구인가

천길 아래 말 못하는 속내로
위엄마저 뭉그러져
훔치고 있는 별 바위

순결하고 고운 몸짓이
그의
갈 길 멈추게 하였나

낙엽이어라

초록빛 아쉬워하는 너를 바라보다가
나는
취객이 되었다

진실을 토하는 네게
마음 내려놓고 순리 따르는
너와 합창을 한다

나신裸身이 되어 안기니 가슴이 두근거린다
곁에 있다고 생각했던 것
흩어지는 것

깍지 낀 채
너와 합창을 하는 까닭

사랑의 미로

드러내지 않던 불덩이
숨소리가 고요를 깨고
가슴을 풀어헤친 육신으로
동트는 두려움 몰라

꿈이 아닌
외길을 걷고 싶다

발등 밑으로 봄이 묻어나

살얼음에도
비틀거리던 시냇물이
새벽녘에도 주인이더니

냇물 보둠은 길섶으로 참새 무리
시간 타는 오리 떼
발등 밑에는 봄의 여신

반짝이는
삶의 순간 순간은
나의 포도 송이

메뚜기의 추억

1955년 서울에 오니 4학년
말쑥하고 예쁜 여자 짝꿍을 만나
좋아하던 깡촌놈이었다
처음 맞은 촌뜨기의 점심 시간
누런 도시락 속에는 밥과 메뚜기 반찬

쑥스럽게 짝궁에게 건건이 좀 먹어봐!
메뚜기야, 맛있어
짝궁도 계란, 어묵을 보이며 물끄러미 본다
건건이가 뭐야? 반찬이지
이것도 먹어봐

젓가락은 짝궁 반찬을 건드리지도 못했지만
후에도 도시락 속에는 메뚜기 전성 시대
메뚜기가 태평성대를 누리던 시절이었다

어미의 사랑

물장구 치는 새끼들
곁에 어미 청둥오리
서리 내린 길목에서 삶을 배우나
인기척에
어미가 꾸우끅－끅
새끼들 어미 깃 속으로
어미의 사랑

별리

감싸주던 바람결 떠나
멀리 왔어요

시냇물에 실려
어릿광대 닮은 투정도 했는데

양지 찾아 꽃향 가득이
또
멀리 왔어요

늦가을

물이 겹으로 모여드는 곳
성城을 오르내리는 이들
사진작가의 초롱초롱한 눈빛이 할퀸 감의
흐느적이는 모습 보며
첫 서리를 기다린단다
순백純白한 두메색시 얼굴 보고 싶다고

5

바람이 나를 따른다

유방석

낙엽 뒤에서 시간 더듬는
빈 가슴 먼발치에
코스모스 한 송이

—〈가을 메시지〉 중에서

모래성

노을이
바다 위에 하늘을
흠뻑 물들입니다

그도 모자라
푸른 파도 타며
내게 다가오고 나도
노을에게 달려갑니다

우리 만남은
모래성 만들며
백리 지나 천리로
예쁜 자욱 만듭니다

바람이 나를 따른다

생의 철길에서
두리번거리면
스쳐가는 바람들

솔깃한 바람
무덤덤한 바람
싱그런 바람

내 곁에서
그들은
함께 머문다

갈대

아직도
아름다움은 곳곳에 남아 있는데
외면한
속삭임은
수줍음인지
아쉬움인지
술렁이는 말 알아들을 수가 없다
달콤한 우리말 모르나 봐

나의 길

강가에
조그만 자리 찾아
예쁜 이름표 달아 놓고
당신을 불렀습니다

봄
여름
가을
겨울

보람 실린 배 타려고

고독의 시간

풀잎되어 머뭇거리는 망설임
조아리던 마음은
벗어나지 못한 그대로인데

그리움
함께 하는 그
돌아갈 자리 잊었지만

지금
이 여유는
세월의 미학인 걸

계발선인장

소복이
마디마디 물고 늘어져
11월 푸른빛을 띠는 내내

얼굴은 인고의 시간

스산한 동짓달
가지 끝마다 송이송이
최고의 걸작 품어

누가
너보다
초겨울 환희 누릴까

가을 메시지

하얀 반달이 서녘에 걸리고
낙엽 실린
소슬바람은 불꽃 속삭임

갈 향에 던져진
눈짓
손짓 외면한 채
경비행기 한 대가 콧노래 부른다

낙엽 뒤에서 시간 더듬는
빈 가슴 먼발치에
코스모스 한 송이

수석水石 기도하는 성모상

용서와 사랑은 당신의 생각
중앙에 자리한 기도하는 성모상
불철주야 지칠 줄 모르고
기도하는 성모상

진실과 거짓을 가늠해 주는 사랑의 성모상
고마운 수석이다
기도하는 성모상은 어머니 마음
가족 곁에 성모님 수석은
마음의 평안

어머니와 장독대

빈
된장 항아리
작은 시루
큰 시루가 포개져 있다

빈
고추장 항아리
간장독 뒤로
감들이 물구나무를 섰다

등급은 어머니의
삶이 머물던 곳
안팎에서는
어머니 미소가

6

나눔의 행복

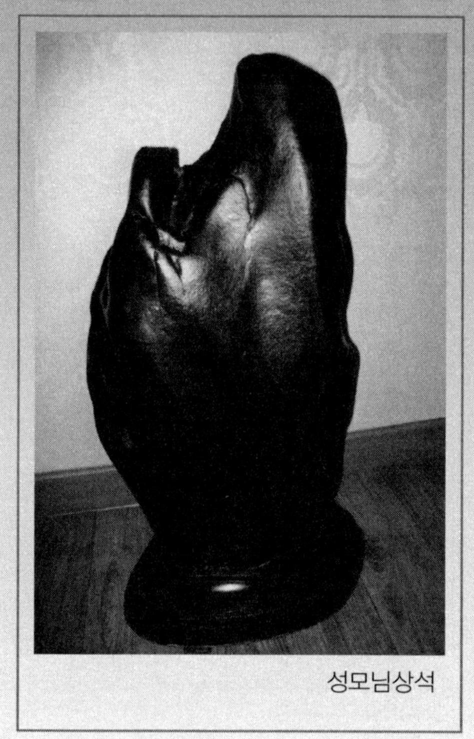

성모님상석

마음과 마음 주워담던
달빛 아래 한 마디 마디는
일렁이는 파도처럼

삶으로 남아

—〈첫사랑〉 중에서

내 마음은

등짐을 메고
갓길 따라 나는
아직도 천천히 걷는 중이다

쉬는 참에
맨 먼저 뽐내려는 앉은뱅이 냉이
도톰한 버들가지 입술도 보인다

요즘
넉넉한 눈빛이
진실 묻어 있는 수수께끼도 풀었다

늬에라도
바구니 속 사탕 듬뿍 보내고 싶은
한 가지 마음이 늘었답니다

2013년 1월 12일

오후에도
누이 닮은 바람이
등 굽은 갈대숲 지나
새끼오리의 깃 들추며 치근대더니
산책로에서 가슴 후벼댄다

산자락 모퉁이 돌아가면 은신처라는데
오늘따라
물 위를 거슬러 오르는 누이 닮은 바람
옛길
그리워하는 품속

사랑 하나

지금껏 그리워하며 살아온
손바닥에 손금은
내 발자국

꿈 실린
손바닥에는
함께 거닐던 자국

바람에 실려 간
지금은
작은 사랑 하나

방황

햇살 숨어버린 가랑비 속을
짐작 못한 외출이
머리칼 파고드는 빗방울 때문인지
차오르는 허전함이
발자국 따라 불어난다

이 느낌 벗어나
뻔뻔스런 표정으로
머무는 곳
어디에

나눔의 행복

내 것
네 것 젊어진
힘든 산행길

불 지핀 산
언덕배기에 등짐 내려놓고
산새들 벗이 되어
점심 먹는 나눔의 시간
나눔의 행복이다

하얀 눈이 내리면

길게 늘어선 갈대들이 시샘하는
북새통에도
멋을 내려놓지 못하는 이들

어느날
북풍에 실려온 한마디 소식에
업보의 연민으로 고개만 갸우뚱

모래 새벽 무렵 찾아들면
눈물의 포옹은
기다림의 눈물인지
아쉬움의 눈물인지

잉어 마을

까치 마을 탄천에
작은 마을
큰 마을들 모여 있다

작은 마을
큰 마을에 흐름은
늘 소용돌이

다툼이 보이지 않는
잉어 마을 어귀는
늘 조용하다

평화스럽다

초봄의 행진곡 · 2

물살이 바쁘네
바쁜 일손 도와주려는 것이지
지겹던 동장군 피해 달아나려는 것이지

아니야
봄바람에 품위를 잃은 거야

창밖에도 표정이

지리하게
두서너 달포
표정을 지우고 지내더니

엊그제 다가온 유별난 햇살이
무슨 인연으로
무슨 속삭임 받아서일까

표정 없던 창밖에 벚나무가
비시시 속살 드러내며
홍조 띠고는

기다리란다

첫사랑

어둠이 더해야만
더욱 다가오는 반딧불처럼
너와 어우러져 핀 꽃은
삶의 넋두리

마음과 마음 주워담던
달빛 아래 한 마디 마디는
일렁이는 파도처럼

삶으로 남아

희망의 편지

동녘의 햇님이 기지개를 펴고
발등이 눈 속을 들고나는
하얀 세상이다

별별 지난일 물어오고
안부로 답하는 내 몫에
고독을 던지며 아부를 한다

돌다리 눈송이가 안내를 하니
여정에 고달픔도 잊은 채
여행을 맛보는 진실이 편안하다

등 두드려 주는 하얀 꽃
너를 보며
희망을 노래한다

7

작은 바람결

산석

낙엽이 땅 위에 뒹굴거리는 마음도 아닌
비어 버린 가슴이
가을을 삼킨다

—〈가을 남자〉 중에서

작은 바람결

비 먹은 안개가 진종일 산을 품어
골짜기 약수는 건수만 펑펑
나뭇잎마저 잠들어 미련만

그늘 속 상사초 뽐내는
때묻지 아니한 날

땀 식혀줄 바람결에
당신과
사뿐히 걸어가야지

자 식

웃고 울던 담장 안에
큰 고목 두 그루 쓸쓸히 서 있었다
두메 농촌 그곳에서
부자인 듯
만족한 듯
낮이나 밤이나
곁가지 여섯 보며
욕심은 하나

바램 하나
반듯하게 자라거라

꽃과 나비

오색 무늬 드리우고
꽃길에 그림 그린다

예쁜 옷 꺼내 입고
미소 지으며
살그머니 내려앉아
입 맞추고 포옹을 한다

언제나
변함이 없어

시상詩想

귀엣말로 다가와
문득 속삭여 보았더니
반가운 얼굴

소녀 닮은 그림
좋아 맞이했는데
얼굴 붉히고 달아나

얼굴 보며 그려도
물 위를 달리는 길인가
지워져 버린다

삶의 진실은

속 속을
뛰며
걸었다
마다하지 않고

산나물 눈여겨보며
도라지는 캐고
비둘기 그리며

세월 흐른 즈음
얼마나 더
산의 속 속을
알 수 있을까

도담 삼봉

바짓자락 잡은
서로가 좋고
이 동네도 좋다고 한다

네가 나요
내가 너라는
삼봉의 뒤엉킨 진리

한 마음으로 살아가는 그림이
푸른 물의 멋이나
묘기만은 아니라 하네

우리의
설레는 여정을
귀뜸해 주려는 듯

진실의 순간

돌 틈바구니에
햇살이 가득
나를 띄워 들춰보니

구불구불한 자국
단번에 찾기 어려웠지만
궤도를 벗어났던 시간

순간 순간의 굽은 선
청정계곡 이곳에선
선명하다

우리 사이는

오랜만에
내가 만든 작은 꽃밭에서 마주보며
우리 사이는 몇 점
글쎄

지난 세월
곰삭은 정이라도 더해봐
우리 몇 점
글쎄

함께하는 삶이
갈피 속에 때 묻어 있었나
하늘과 땅이라던 우리 사이가

답안지에는
시종일관
글쎄라고

초가을의 연가

조각배에 노를 만지작거리며
나는
주인공이다

바람을 인연으로
단풍과
단풍이 어우러져
춤을

더듬거리며
벗하자 조르니
눈물 보이는 가을 산

서로의
짧은 인연
주정을 하라고

가을 남자

갈잎이 붉게 물들면
산중에 들어 쉽게 취해
머물 줄 몰라

갈바람이 눈가 스칠 때면
마음의 결이 흔들리고
길을 잃어

낙엽이 땅 위에 뒹굴거라는 미움도 아닌
비어 버린 가슴이
가을을 삼킨다

살아가는 길

재래시장 막걸리만 즐기던
나의
출근 시간 전철 속에서
깜박
깜박 졸음에
지나쳐 버린 전철역
되돌아오니
퇴근 시간

한국작가 작품선 · 61

작은 바람결

서기호 시집

초판1쇄 인쇄 · 2013년 4월 18일
초판1쇄 발행 · 2013년 4월 22일

지은이 · 서기호
펴낸이 · 윤영희

펴낸곳 · 한국작가출판부 **동행**
등록번호 · 제2-4991호

주소 · 서울시 중구 을지로 3가 302-18
편집부 · (02) 2285-0711
영업부 · (02) 338-2734
팩 스 · (02) 338-2722
이메일 · gongamsa@hanmail.net

값 10,000원

ISBN 978-89-94227-73-3 03810

* 이 책은 성남시 문화예술발전기금 일부 지원을 받아 제작되었습니다.